Moritz Klein

HARDWARE TODAY
...das Computerlexikon für Kids

1. AUFLAGE

© 2014 Herstellung und Verlag:

CreateSpace
4900 LaCross Road
North Charleston, SC 29406
USA

inhalt

Abstürzen 6

Account 8

Blog 9

Browser 10

Buddy List.. 11

Chat / chatten 12

Content Management System (CMS) 14

Community 15

Cursor.. 17

Cybermobbing 17

Datenbank 19

Downloaden / Download... 20

Drag and Drop 21

DSL 22

E-Mail 23

Einloggen / Log-in.. 25

Explorer (Windows Explorer) 26

FAQ´s 27

Filter 28

Flash.. 29

Flatrate 30

Forum 31

Hardware... 32

High-Score... 32

Homepage 33

HTML... 34

http 34

ICQ / Instant Messenger... 35

Internetradio / Webradio 37

Jugendschutz 38

Lesezeichen /Favoriten.. 40

Link / Linktipp.. 42

MMS 43

Moderator 44

MP3 / MP4... 45

Multimedia 46

Navigation / Navigieren... 47

Netiquette, Netikette 47

Newsletter 49

Nickname 50

Online / Offline.. 51

Passwort.. 52

PDF 53

Pixel... 55

Podcasting, Podcast 56

Pop-up.. 57

Premium-SMS 59

Provider 60

Raubkopie 61

Relaunch 62

Scanner 63

Screenshot 64

Sitemap 65

Software 65

Soziale Netzwerke / Social Network 66

SPAM 67

Speichern 69

Streaming 70

Suchmaschine 70

Tag-Cloud oder Wortwolke 72

Tool 73

Update 74

Upload 75

URL / Internetadresse... 76

USB Stick 78

User.. 79

Virus / Trojaner 79

Webmaster 80

Werbung.. 81

Wiki... 83

WWW 84

Abstürzen

"Verdammt, mein Computer ist abgestürzt!" Hast du diesen Ausspruch schon einmal gehört? Natürlich heißt das nicht, dass jemandem der Computer vom Tisch gefallen ist. Ein "Absturz" des Computers bedeutet, dass überhaupt nichts mehr funktioniert: Der Computer reagiert auf keine Taste und keinen Mausklick mehr, es geht weder vor noch zurück. Das ist zwar ärgerlich, aber nicht sehr folgenschwer - wenn alles Wichtige gespeichert ist! Wenn du allerdings gerade etwas gespielt, geschrieben oder gemalt hast, dann sind diese Daten meistens verloren.

Sollte dein Computer abgestürzt sein, dann behalte erst einmal die Ruhe. Rufe am besten deine Mutter oder deinen Vater und geht zusammen folgendermaßen vor:

Dialogfeld vom Taskmanager

Manchmal hilft es, das zuletzt benutzte Programm einfach "radikal" zu schließen. Hierfür musst du auf deiner Tastatur gleichzeitig die Tasten Steuerung "Strg" und "Alt" (mit der linken Hand) und Entfernen "Entf" (mit der rechten Hand) drücken. Es erscheint nun ein kleines Fenster mit der Überschrift "Windows Task-Manager" (siehe Bild) oder "Anwendung schließen".

Hier kannst du einzelne Programme beenden, indem du zunächst auf das Programm, das du zuletzt benutzt hast, und dann auf "Task beenden" klickst. Vielleicht steht bei einem Programm auch "reagiert nicht". Dann kannst du davon ausgehen, dass dieses Programm für den Absturz deines Computers verantwortlich war.

Nun müsste der Computer wieder normal laufen. Wenn nicht, muss der Computer neu gestartet werden.

Hast du einen Mac-Rechner, so drücke im Falle eines Absturzes gleichzeitig die Alt-Taste, die Apfel-Taste und die Escape-Taste. Das aufgerufene Programm wird beendet. Hilft das nicht, dann halte die Einschalttaste solange gedrückt, bis der Computer ausgeht.

Account

Das Wort "Account" ist Englisch und bedeutet "Nutzerkonto". Du weißt bestimmt, was ein Konto ist, oder? Bei einer Bank kannst du zum Beispiel ein Sparkonto anlegen, um dort Geld zu sparen oder dir das Geld wieder auszahlen zu lassen.

Ein Account im Internet ist ein Konto bei einem Internetdienst, der dir bestimmte Sachen ermöglicht. Ein Beispiel: Wenn Du eine E-Mail-Adresse haben möchtest, musst du dich zunächst bei einem Internetdienst anmelden (zum Beispiel gmx, freenet, web.de oder Yahoo). Dort erhältst du in der Regel nach der Anmeldung einen Benutzernamen und ein Passwort. Du hast dort also ein Nutzerkonto und kannst dich später immer wieder anmelden, um deine E-Mails zu lesen. Auch bei manchen Spieleseiten im Internet musst du dich zunächst anmelden - und bekommst dann einen "Account". Pass aber auf: Nicht alle Accounts oder Nutzerkonten sind umsonst, auch wenn dies auf dem ersten Blick so aussieht! Frag daher immer deine Eltern, wenn du dir einen Account für eine bestimmte Sache zulegen möchtest.

Blog

Blog ist das kurze Wort für Web-Log. Und der Begriff Web-Log wurde aus den Wörtern 'Web' und 'Logbuch' zusammengesetzt. Web ist der englische Begriff für Netz: gemeint ist hier das Internet; ein Logbuch ist eine Art Tagebuch des Schiffska- pitäns, in

Kinder-im-Internet Blog

dem tägliche Ereignisse aufgezeichnet sind. Blogs sind daher auch ähnlich aufgebaut wie Tagebücher. Die Einträge sind nach Datum sortiert, der neueste Eintrag steht zuerst. In einem Blog veröffentlicht ein Autor Texte und Berichte, die ihm wichtig erscheinen. Ein solcher Autor ist ein "Blogger". Wer ein Blog herausgeben will, muss kein Programmierer sein. Die Software, die man für Blogs braucht, gibt es fertig. Man muss sie nur installieren und dann regelmäßig mit Inhalt bestücken.

Die Blog-Leser können die Einträge kommentieren und so mit dem Autor oder anderen Lesern diskutieren.

Was genau steht in einem Blog? Das kommt ganz drauf an, denn es gibt 100.000e Blogs! Zusammen bilden sie die "Blogosphäre". Darunter sind Schülerblogs, Lehrerblogs, Kochblogs, Comicblogs, Lernblogs oder Filmblogs. Auch große Medien, wie z.B. bekannte Zeitschriften, haben eigene Blogs im Internet.

Browser

Die 4 bekanntesten Browser

Das englische Wort "browse" heißt so viel wie blättern, sich etwas ansehen. Der "Browser" ist ein Computer-Programm, mit dem du dir Seiten im World Wide Web, dem bekanntesten Teil des Internets, ansehen kannst. Die meisten Leute benutzen den Browser mit dem Namen "Internet Explorer". Andere verwenden den "Mozilla Firefox",

„Opera", oder „Google Chrome" (siehe die Bilder).

Für manche Seiten im Internet sind zudem noch kleine Zusatzprogramme nötig, mit denen zum Beispiel Videos oder Musik abgespielt werden können. Meist sind diese Programme aber schon auf deinem Computer!

Buddy List

"Buddy" ist das amerikanische Wort für Kumpel oder Freund.

Eine Buddy List ist also eine Kumpel-Liste, auf ihr stehen deine Online-Freunde. Man nennt eine Buddy List auch Kontaktliste.

Die Buddy List begegnet dir zum Beispiel beim Chatten mit Instant Messenger wie zum Beispiel ICQ. Denn beim Instant-Messaging werden Kontaktlisten mit Namen von anderen Mitgliedern gepflegt. Jedes Mal, wenn man sich einloggt, öffnet sich die Buddy List und zeigt an, welche der eingetragenen

Kontaktliste von ICQ

"Kumpel" gerade online sind. So weißt du gleich, mit wem du chatten kannst.

Auf deiner Buddy List sollten wirklich nur Freunde stehen, nur Menschen, die du kennst! Solltest du Unbekannte auf deine Buddy List gesetzt haben, die unfreundlich werden, solltest du sie aus der Liste streichen oder ignorieren.

Chat / chatten

Wenn du dich mit deinen Freunden triffst, machst du das vielleicht bei dir zu Hause in deinem Zimmer. Auch im Internet kannst du dich mit anderen treffen: in einem so genannten "Chat". Chat ist das englische Wort für plaudern oder schwatzen. In dem Chat gibt es einen oder mehrere Räume, die sogenannten Chatrooms (room heißt Raum). Um zu chatten, musst du dir also zunächst einen Chat suchen. Im Internet gibt

es etliche Seiten, auf denen du chatten kannst. Meistens musst du dich dazu zunächst anmelden.

Je nach Chat sind verschiedene Angaben nötig. Was du immer benötigst, ist ein "Nickname", das bedeutet Spitzname. Dieser Spitzname ist nachher für die anderen Kinder im Chat sichtbar.

Über die Tastatur kannst du schließlich schreiben, um dich mit den anderen Chattern zu unterhalten. Schickst du die Nachricht mit der Enter-Taste ab, können alle, die sich auch gerade in diesem Chatroom befinden, die Nachricht lesen. Meistens musst du nicht lange warten, bis du eine Antwort erhältst.

Wie bei Unterhaltungen im richtigen Leben gibt es auch beim Chatten bestimmte Regeln, an die sich jeder halten sollte. Andere Kinder oder Jugendliche im Chat zu beleidigen gehört sich genauso wenig wie ellenlange Texte zu schreiben, die vielleicht niemanden interessieren. Chats haben eigene Regeln, die unter der Überschrift "Chatiquette" oder allgemeiner auch "Nettiquette" auf den Startseiten der Chats zu finden sind. Ein sicherer und guter Chat hat im Übrigen so genannte Moderatoren, die aufpassen, dass sich alle an die Regeln halten.

Content Management System (CMS)

CMS steht für "Content Management System". Übersetzt heißt das in etwa "Inhalte-Verwaltungs-System". Ein CMS wird auch als "Redaktionssystem" bezeichnet.

Mit einem CMS lassen sich Inhalte aufnehmen, verwalten und im Internet veröffentlichen.

Ein Beispiel: Auf einer neuen Seite soll ein Märchen zum Lesen im Internet veröffentlicht werden. Ein Redakteur tippt das Märchen am Computer in das CMS ein. Der Inhalt ist nun darin abgespeichert. In einem nächsten Schritt wird das Märchen über das CMS im Internet veröffentlicht. Nun kannst du es abrufen und lesen.

Ein CMS ist also ein Werkzeug und Programm, um beispielsweise Inhalte ins Internet zu stellen. Es wird in Zeitungsredaktionen und für große Websites eingesetzt.

Gleich mehrere Redakteure können mit einem CMS zusammen an einer Seite arbeiten, was für große Webseiten sehr praktisch ist. Mit dem CMS gibt jeder seine neuen Inhalte oder Änderungen in das System ein. Die Inhalte werden in einer Datenbank gespeichert und verwaltet. Das Gute daran ist: Dazu benötigen die Redakteure weder HTML-Kenntnisse, noch müssen sie Programmierer sein.

Auch das Internet-ABC nutzt ein CMS, um euch seine Seiten zu präsentieren. Wir Redakteure im Hintergrund geben alle neuen Inhalte in das CMS ein und schon könnt ihr sie im Internet sehen!
Es gibt viele unterschiedliche Content-Management-Systeme. Manche sind sehr teuer, andere dagegen sind kostenlos.

Community

Eine Gemeinschaft von Menschen, die zusammen in einem Ort lebt oder dieselben Interessen hat, nennt man auf Englisch "Community". Diesen Begriff gibt es auch im Internet. Hier bezeichnet er eine Gemeinschaft von Internet-Nutzern, die meist ähnliche Interessen haben.

Eine Community bildet sich zum Beispiel, wenn die Fans von einem beliebten Star immer wieder dessen Website besuchen und sich dort über ihre Leidenschaft austauschen. Auch zu bestimmten Themen oder Hobbys entstehen Communitys. Man trifft sich online im Chat, im Forum oder im Gästebuch, um mit den anderen in Kontakt zu treten. Communitys brauchen Raum für gemeinsamen Austausch. Das kann auch über eigene Homepages oder kostenlose E-Mail-Adressen geschehen. So kann die Community sich verständigen, kennenlernen und ein Zusammengehörigkeitsgefühl entwickeln. Die Community-Mitglieder kommen stets wieder auf "ihre" Seite zurück. Um Mitglied einer Internet-Community zu werden, meldet man sich meist zuvor einmal an.

Wenn Werbung auf den Seiten ist, verdient ein Community-Anbieter damit sogar Geld. Je mehr Besucher sich auf den Internet-Seiten tummeln, umso mehr kann er verdienen. Aufgepasst: Manche Anbieter nutzen das aus und versuchen ihre Community-Mitglieder um jeden Preis an sich zu binden!

Vielleicht hast du auch einen Kinderchat oder eine Lieblingsseite, die du immer wieder aufrufst? Dann bist du selbst bereits Teil einer Community!

Cursor

Als Cursor bezeichnet man den senkrechten, blinkenden Strich auf dem Bildschirm. Der Cursor zeigt dir an, wo du dich auf einer Seite, in einem Dokument oder in einem Programm gerade befindest. Er passt sich der Textgröße an und ist mal größer und mal kleiner. Da, wo der Cursor steht, kannst du Text mit der Tastatur eingeben, löschen oder markieren.

Cybermobbing

Weißt du, was es bedeutet, wenn jemand gemobbt wird? Mobbing bedeutet weit mehr als geärgert werden. Wer gemobbt wird, ist ständig Angriffen von anderen ausgesetzt, wird schikaniert und immer wieder geärgert. Mal öffentlich, mal hinterm Rücken - und das über längere Zeit hinweg.

Handy und Internet machen es manchmal noch schlimmer. Mit dem Handy werden zum Beispiel Fotos oder Videos aufgenommen, die einen Mitschüler in einer echt peinlichen Situation zeigen. Anschließend werden sie im Internet veröffentlicht. Oder es machen sich in sozialen Netzwerken wie schülerVZ mehrere Schüler über das Aussehen oder Verhalten eines Mädchens lustig, verspotten sie und bilden Gruppen gegen sie. Cybermobbing nennt man diese Art des Mobbings.

Viele, die schon einmal gemobbt wurden, leiden sehr darunter. Daher solltest du dich nicht an solchen Aktionen beteiligen, auch wenn es anfangs eher lustig erscheint. Im Gegenteil: Versuche frühzeitig dagegen zu steuern, indem du deine Eltern oder deinen Lehrer darüber informierst.

Das gleiche gilt, wenn du selbst das Gefühl hast, gemobbt zu werden. Vertraue dich schnell jemandem an. Manchmal hilft es auch, die einzelnen Aktionen, die gegen dich laufen, aufzuschreiben oder im PC abzuspeichern.

Datenbank

In einer Bank liegt viel Geld. Es wird dort verwaltet. In einer Datenbank werden Daten, also Informationen, gespeichert und verwaltet. In einer Datenbank sind viele Informationen oder Daten zu einem Thema gesammelt und in einer bestimmten Ordnung abgelegt.

Ein Beispiel: Es könnte die Krümelmonster-Datenbank geben, in der 1.500 Rezepte für Kekse, Kuchen und Torten gesammelt sind. In dieser Datenbank wären die Rezepte zum Beispiel nach Zutaten, Backzeit und Kalorien sortiert. Über eine Suchmaske lassen sich einzelne Backrezepte schnell finden.

Viele Internet-Seiten haben eine Datenbank als Grundlage: Egal, ob du das Kinoprogramm, Basteltipps oder eine Zugverbindung nachschlägst - immer suchst du in einer Daten-bank. Auch Suchma-schinen bauen auf Datenbanken auf.

Spiele suchen

Art des Spiels:	Action & Adventure
Nur für System:	
Dein Alter:	
Nach einem Stichwort:	
	Absenden

Als Benutzer einer Datenbank kannst du gezielt suchen und hast alle wichtigen Informationen auf einen Blick. Für den Betreiber bedeuten Datenbanken viel Arbeit. Denn die Fülle von Daten muss sinnvoll sortiert, miteinander verknüpft und ständig aktualisiert werden. Bei dieser Verwaltung helfen automatische Filter- und Sortiersysteme.

Downloaden / Download

Der Begriff "Downloaden" kommt aus dem Englischen und bedeutet Herunterladen. Sich etwas herunter zu laden heißt, dass du dir etwas aus dem Internet auf deinen Computer oder auch auf dein Handy speicherst. Gemeint sind Dateien, also einzelne Programme, Musikstücke, Filme oder Bilder. Du kannst dann das, was du herunter geladen hast, auf deinem Computer oder Handy nutzen, ohne weiter mit dem Internet verbunden zu sein.

Folgendes solltest du aber bedenken:

- Du darfst nicht einfach alles downloaden und weitergeben, was du möchtest, da einzelne Dateien vielleicht anderen gehören.

- Mit dem Download von Daten (zum Beispiel Musik oder Programme) können Viren auf die Festplatte gelangen.
- Manche Downloads kosten Geld. Frage daher am besten deine Eltern, ob sie dir beim Herunterladen helfen können.

Ein Download funktioniert so:

Entweder klickst du einen Link an, der dir das Herunterladen einer Datei direkt anbietet. Oder du klickst mit der rechten Maustaste auf ein Bild und wählst dann "Grafik speichern unter ..." oder "Bild speichern unter ...".

Drag and Drop

Drag and Drop ist Englisch und bedeutet "Ziehen und Fallenlassen". Damit ist gemeint, dass Dinge mit Hilfe der Maus auf

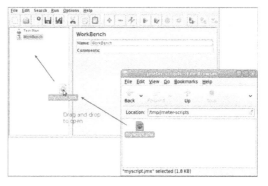

dem Bildschirm bewegt und verschoben werden können.

Du wählst ein Objekt, zum Beispiel ein Bild oder ein Wort, durch Anklicken mit der Maus. Solange du die Maustaste gedrückt hältst, kannst du das Objekt über den Bildschirm ziehen (Funktion "drag"). Lässt du die Maustaste wieder los, wird das Objekt fallen gelassen (Funktion "drop") und bleibt in der Regel an der neuen Stelle stehen.

In vielen Computerspielen wird dieses Drag and Drop-Prinzip eingesetzt. Aber auch in Textverarbeitungsprogrammen, wie z.B. Word kannst du es benutzen. Wenn du ein Wort oder einen ganzen Abschnitt markierst, kannst du ihn so mit der Maus im Text beliebig verschieben.

DSL ist die Abkürzung für "Digital Subscriber Line", auf Deutsch: Digitaler Abonnenten-Anschluss. Gemeint ist damit ein Verfahren mit dem Daten sehr schnell durch Leitungen übertragen werden. DSL ist viel schneller als ein Modem oder ein ISDN-Anschluss. Mit einer solchen flotten Internetverbindung macht das Surfen am meisten Spaß, denn die Internetseiten laden sich in Sekunden oder sogar in Bruchteilen von Sekunden. Mit DSL ist man ständig online (siehe auch: Flatrate) und die Telefonleitung bleibt frei. So lässt sich gleichzeitig surfen und telefonieren.

E-Mail

Nachrichten oder Briefe, die du von einem Computer zum anderen schickst, nennt man "E-Mails". "E" steht für electronic, das heißt elektronisch, und "Mail" bedeutet Post. Eine E-Mail ist also ein elektronischer Brief. E-Mails sind viel schneller als ein Postbrief aus Papier. Sie brauchen nur einige Sekunden bis zum Ziel, egal wie weit sie verschickt werden. Um eine E-Mail zu schreiben, brauchst du ein E-Mail-Programm und einen Internet-Zugang. Auch der Empfänger deiner Mail muss einen Computer und einen Internet-Anschluss haben, um die Nachricht zu empfangen.

Eine E-Mail in einem Mail-Programm zu schreiben, geht so:

- Im Kopf des Fensters trägst du die E-Mail-Adresse des Empfängers ein, z.B. von deinem Freund.
- Unter "Betreff" notierst du ein paar Worte, die dem Empfänger verraten, worum es in deiner Mail geht.
- Im unteren Feld schreibst du deine Nachricht.
- Hast du die E-Mail fertig geschrieben, schickst du sie mit dem Befehl "Senden" ab.

Vorher muss der Computer mit dem Internet verbunden sein, denn E-Mails können nur online verschickt werden. Einer E-Mail kannst du auch etwas beifügen, z.B. ein digitales Foto. Das nennt man dann Anhang.

Einloggen/Log-in

Kennst du den englischen Begriff "Log-in"?

Übersetzt bedeutet er so viel wie "sich ein-klinken" oder "sich einwählen". Wer sich "einloggt", wählt sich also in ein Computer-system ein.

Zum Einloggen braucht man einen Benutzer-namen und ein Passwort. Durch diese beiden Angaben wird überprüft, ob man überhaupt berechtigt ist, sich einzuwählen. Man kann sich zum Beispiel in einen Chatraum, in sein Bankkonto oder ins Internet einloggen.

Will man das Internet oder einen Chatraum wieder verlassen, muss man sich "ausloggen" (Englisch: Log-out). Das heißt, man beendet die Verbindung und meldet sich wieder ab.

Explorer (Windows Explorer)

Die Mehrzahl der Computernutzer hat das Betriebssystem Windows von Microsoft auf dem PC. Du vielleicht auch? Um einen Überblick zu bekommen, was alles so auf dem PC zu finden ist, um Daten zu ordnen und vieles mehr, gibt es den "Windows Explorer". Explorer ist das englische Wort für Entdecker.

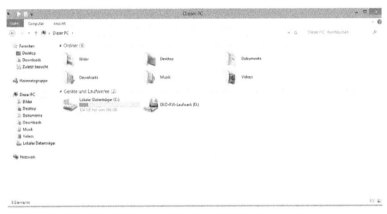

Explorer

Mit dem Explorer kannst du auf deinem Computer für Ordnung sorgen, er gewährt dir Einsicht und Übersicht. In einer Verzeichnisstruktur, ähnlich dem Inhaltsverzeichnis von einem Buch, wird dir alles angezeigt, was sich auf deinem Computer befindet.

Im Explorer lassen sich Dateien öffnen, umbenennen, suchen, verschieben oder löschen. Letzteres geht über Drag and Drop oder über Ausschneiden und Kopieren.

Für jeden Ordner, jedes Programm, die einzelnen Laufwerke und Dateien gibt es kleine Symbole. Die Dateien befinden sich in Ordnern. Du erkennst sie an ihrem Symbol, sie sind als kleine, gelbe Registerordner dargestellt. Word-Dokumente sind mit einem blauen "W" versehen, das auf einer Textseite steht.

FAQ's

Auf vielen Internet-Seiten findet man sie: die "FAQs". Aber was soll das sein? FAQs ist die Abkürzung für "Frequently Asked Questions". Und das bedeutet so viel wie häufig gestellte Fragen. Dahinter verbirgt sich eine Liste mit den Fragen, die den Betreibern einer Internet-Seite häufig gestellt werden. Alle diese Fragen werden in den FAQs einzeln und übersichtlich beantwortet.

Das können Fragen zur Benutzung der Seite sein. Oder wenn du zum Beispiel technische Probleme hast, du nicht in einen Chat kommst oder ein Spiel nicht aufrufen kannst, helfen dir die FAQ-Antworten weiter. In den FAQs können aber auch Fragen zu bestimmten Themen aufgelistet sein. Findest du dich auf einer Seite nicht gleich zurecht, hilft es oft, erst einmal die FAQs zu lesen.

Filter

Mit einem Filter lassen sich unerwünschte Teile von erwünschten trennen. Denk zum Beispiel an einen Filter für ein Aquarium oder an einen Schwimmbadfilter. Beide filtern Schmutzteilchen aus dem Wasser heraus und sorgen dafür, dass das Wasser sauber und klar bleibt.

Auch für den Computer gibt es Filter, denn im Internet gibt es nicht nur Lustiges und Wissenswertes, sondern leider auch schockierende, beleidigende und verbotene Seiten. Ein Filterprogramm hilft dabei, diese Seiten voneinander zu unterscheiden. Der Filter lässt die unerwünschten Seiten nicht durch, sie werden nicht mehr angezeigt.

Wenn deine Eltern auf dem Computer bei dir zuhause einen Filter eingerichtet haben, möchten sie damit deine Surftouren durch das Internet sicherer machen. Du sollst nicht auf Seiten gelangen, die dir Angst machen oder dir Lügen auftischen. Auch auf den Computern in der Schule schützen dich Filter vor Internet-Schmutz.

Manchmal kommt es vor, dass Filterprogramme Seiten sperren, die gar keine schlimmen Dinge enthalten. Umgekehrt entgehen dem Filter von Zeit zu Zeit Seiten, die er unbedingt sperren müsste. Das kann passieren, weil Filter keinen eigenen Kopf zum Denken haben. Es sind ja nur Programme, die von Menschen erstellt wurden. In solchen Fällen können deine Eltern die Seiten aber meistens nachträglich auf die Sperrliste setzen oder frei schalten. Je nachdem, ob es erwünschte oder unerwünschte Seiten sind.

Sag ihnen in jedem Fall Bescheid, falls du auf komische Seiten gelangst.

Besuchst du gern Internetseiten, auf denen sich eine Menge bewegt? Magst du Spiele, bei denen du mit deiner Maus oder der Tastatur Figuren oder Gegenstände bewegen kannst?

Dann hast du schon etwas mit Flash zu tun gehabt. Flash ist der Name eines Programms, mit dem bewegte (animierte) Figuren erstellt und Spiele programmiert werden können. Um Flash-Spiele und die bewegten Bilder zu sehen, brauchst du dieses recht teure Programm selbst nicht. Du benötigst lediglich den "Flash-Player", ein kleines Programm, mit dem du die Flash-Dateien abspielen kannst. Der Flash-Player ist bestimmt schon auf Deinem Computer vorhanden.

Wenn dir allerdings angezeigt wird, dass du das Programm Flash-Player erst noch auf deinen Computer installieren musst, dann frage am besten deine Eltern, wie das funktioniert.

Flatrate

Flatrate bedeutet so viel wie 'Einheitspreis'. Damit ist gemeint, dass man für seinen Internetzugang einen Festpreis zahlt - egal, wie lange gesurft wird, ob eine Stunde, sechs Stunden oder 24 Stunden am Tag.

Eine Flatrate lohnt sich für Vielsurfer. Wer nur sehr wenig surft, sollte lieber nur die Zeit bezahlen, die er wirklich online ist. Dafür bieten

manche Firmen, die Zugänge zum Internet er-
möglichen, einen Vertrag, der dein Surfen
pro Minute abrechnet.

Forum

Diskutierst du gerne? Dann ist ein Internet-
Forum genau das Richtige für dich! Forum bezeichnet eigentlich einen Ort, an dem Leute
zusammenkommen - zum Beispiel, um dort zu
diskutieren.

Auch im Internet kann so eine Diskussion
stattfinden. In einem Internet-Forum kann jeder Besucher Beiträge zu einem bestimmten
Thema veröffentlichen oder Antworten auf
solche Beiträge schreiben. Diese werden
dann wieder von anderen kommentiert - so
entsteht eine richtige Diskussion.

Dabei werden die unterschiedlichsten Themen besprochen: Fernsehserien, Musik-
bands oder Computer und Technik!

Foren sind oft Teil von Communities, bei denen eine Gemeinschaft zwischen den Besu-
chern aufgebaut wird.

Hardware

Harte oder feste Ware - das ist die wörtliche Übersetzung des englischen Begriffs "Hardware". Als Hardware bezeichnet man also die "festen" Teile des Computers: Alles, was du anfassen kannst! Dazu gehören zum Beispiel das Rechnergehäuse, der Drucker, die Maus oder der Bildschirm.

Auch das gesamte Innenleben des Computers, wie Festplatte oder Soundkarte, ist Hardware.

High-Score

Bei vielen Computerspielen musst du möglichst viele Punkte sammeln. Wenn du ein Spiel oft gespielt hast und immer besser geworden bist, dann kannst du dich meist mit deinem Namen in eine Liste eintragen. Ganz oben in dieser Liste steht der beste Spieler mit den meisten Punkten. Manchmal ist auch einfach die höchste Punktezahl angegeben, die in diesem Spiel überhaupt erlangt werden kann. Der höchste Punktestand, der bisher erreicht wurde oder zu erreichen ist, wird "Highscore" genannt.

Homepage

Wo landest du als erstes, wenn du eine Internetadresse eingegeben hast? Auf der "Homepage"! Die Homepage ist wörtlich übersetzt die Heimatseite. Ein Internetangebot besteht meistens aus vielen einzelnen Seiten. Und die erste Seite des Internetangebots, die Startseite, nennt man Homepage.

Es gibt noch eine zweite Erklärung, die du kennen solltest: Der Begriff Homepage wird auch für die Internetseiten von einzelnen Personen verwandt. Dann sind alle Seiten gemeint, nicht nur die Startseite. Solltest du selbst eine Internetseite haben, kannst du also durchaus von "deiner Homepage" sprechen und damit alle Seiten meinen, die zu deinem Internetauftritt gehören. Wenn sich Firmen oder andere große Organisationen im Netz präsentiert, spricht man von einem Web- oder Internet-Auftritt.

Wer eine eigene Homepage im Internet eingerichtet hat, muss dort besonders vorsichtig mit persönlichen Angaben und Fotos sein. Denn jeder kann im Internet alles nachlesen. Und würdest du jedem Wildfremden auf der Straße gleich alles über dich erzählen? Sicher nicht, das wäre viel zu gefährlich!

HTML

HTML ist die Abkürzung für Hypertext Markup Language. HTML ist eine Art Sprache, mit der Seiten für das World Wide Web geschrieben werden. Jeder Computer auf der Welt versteht diese Sprache. Es gibt Befehle oder Steuerzeichen, die in spitzen Klammern geschrieben werden, sie heißen Tags. Über diese Steuerzeichen wird beispielsweise erreicht, dass Teile eines Textes auf einer Webseite farbig, groß oder fett gedruckt erscheinen.

Um das Internet zu nutzen, brauchst du keine HTML-Kenntnisse. Wer aber eigene Seiten erstellen will, sollte einige Grundlagen von HTML beherrschen.

http

Diese Buchstaben stehen meist vor der Internetadresse in der oberen Adresszeile des Browsers, zum Beispiel

http://www.kinderland.de

Die Buchstaben geben an, auf welche Art und Weise die Daten im Internet übertragen werden. In diesem Fall mit dem Hypertext-Protokoll. Denn http steht für Hypertext Transfer Protocol, das heißt: Hypertext Übertragungs-Protokoll. Ein Protokoll ist eine Sprache, in der sich Computer austauschen können.

Heute braucht man das http nicht mehr extra einzutippen, wenn man eine Seite im World Wide Web besuchen möchte. Die Browser wissen von selbst, dass sie das Hyptertext-Protokoll verwenden müssen.

ICQ/instant Messenger

ICQ ist der Name eines bekannten Instant-Messenger Programms. "Instant" heißt sofort und "Messenger" so viel wie Bote. Mit Instant Messenger werden Nachrichten sofort übermittelt.

Und das geht so:

Zunächst installiert man ICQ auf dem eigenen Computer. Mit dem Programm kann man feststellen, ob Freunde oder Bekannte, die auch ICQ haben, gerade zur selben Zeit im Internet sind. Ist das der Fall, kann man sich direkt mit ihnen austauschen: Man lädt sie zum Chat ein und kann ihnen Nachrichten, Fragen oder auch Fotos und Musikdateien schicken. Ähnlich wie beim Chatten oder Telefonieren geht das innerhalb von Sekunden. Du kannst die Nachrichten sofort lesen.

Jeder Teilnehmer besitzt eine eigene ICQ-Nummer unter der er angesprochen werden kann.

Den Namen ICQ bekam das Programm, weil diese drei Buchstaben - englisch ausgesprochen - klingen wie "I seek you", und das bedeutet "ich suche dich".

Es gibt eine Reihe weiterer Instant Messenger Programme, die ähnlich funktionieren, wie zum Beispiel den AOL Instant Messenger.

Vorsicht, Instant Messenger und damit auch ICQ können gefährlich werden! Gib deine ICQ-Nummer nur an enge Freunde und vertraute Menschen. Sperre Personen auf der Kontaktliste, die dir blöd kommen. Denke daran, dass auch Viren in Dateien stecken können, die dir über ICQ geschickt werden.

internetradio / Webradio

Wie du vom Namen her schon erraten kannst, handelt es sich beim Internetradio um Radioprogramme, die über das Internet zu hören sind. Um sie zu empfangen, brauchst du einen Computer mit Soundkarte, Lautsprecher oder Kopfhörer und Internetzugang.

Zudem ist ein Programm zum Abspielen, wie "Windows Media Player", "Real Audio Player" oder "Streamer p2p" nötig. Diese Programme können Hördaten "streamen" (übersetzt: strömen), das heißt, sie übertragen Hördaten und geben währenddessen schon die Töne wieder. So verliert man keine Zeit damit zu warten, bis eine Hördatei komplett übertragen ist, sondern kann ohne Unterbrechungen Radio hören.

Nicht nur die aus dem normalen Radio bekannten Radioprogramme der öffentlich-rechtlichen und privaten Sendeanstalten lassen sich über das Internet hören, wie z.B. RBB (www.rbb.de). Es gibt auch Sender, die ihr Programm nur im Internet senden.

Über das Archiv eines Internetradios können bereits gesendete Beiträge jederzeit auf Wunsch abgerufen werden. Das nennt man übrigens "on-demand", was übersetzt "auf Abruf" bedeutet.

Jugendschutz

Wie in vielen Ländern, so stehen auch in Deutschland Kinder und Jugendliche unter einem besonderen Schutz. Sie sollen vor Gefahren geschützt werden, die ihnen vielleicht gar nicht bekannt oder bewusst sind. Die Maßnahmen, die den Schutz bewirken sollen, werden zusammengefasst "Jugendschutz" genannt.

Der Jugendschutz betrifft natürlich auch das Internet. Im Internet gibt es immer wieder auch Seiten, die ekelhafte oder gewalttätige Bilder und Texte zeigen. Solche Seiten können dir Angst machen oder dich schockieren. Es ist Aufgabe des Jugendschutzes, Kinder vor solchen und anderen Gefahren im Internet und in anderen Medien zu bewahren.

Wichtiger Bestandteil des Jugendschutzes sind Gesetze, die zum Beispiel vorschreiben, dass Computerspiele und Kinofilme mit Altersfreigaben versehen werden müssen und dass Kindern kein Zugang zu Internet-Seiten gewährt werden darf, die nur für Erwachsene geeignet sind.

Das ist keine Schikane, sondern sehr sinnvoll. Jugendschützer wollen für Minderjährige nur das Beste. Stell dir vor, deine kleine fünfjährige Schwester würde einen Horrorfilm im Kino sehen oder ein Ballerspiel am Computer spielen, in dem das Blut nur so spritzt ... Sie hätte ganz bestimmt monatelang schlimme Albträume!

In Deutschland sorgt eine Reihe von Jugend-
schutzorganisationen dafür, dass die Jugend-
schutzgesetze eingehalten werden. Auch für
die Polizei ist Jugendschutz eine wichtige Aufgabe.

Lesezeichen / Favoriten

Hast du schon einmal ein richtig dickes Buch
gelesen, zwischendurch eine Lesepause ein-
gelegt und die Seite verschlagen? Und warst
du dann ärgerlich, dass du die Stelle, an der
du weiterlesen wolltest, nicht mehr gefunden
hast? Hier hilft ein Lesezeichen, zum Beispiel
ein Stück Papier, das du zwischen die Seiten
legst und oben aus dem Buch herausschauen
lässt.

Vielleicht gibt es auch im Internet Seiten, die
du später einmal wiederfinden möchtest -
und auch für Internetseiten ist es möglich, Lesezeichen einzusetzen. Diese Lesezeichen
kannst du in deinem Browser anlegen und
später wieder aufrufen. In manchen Browsern
werden die Lesezeichen auch Favoriten oder
Bookmarks genannt. Ein weiterer Vorteil: Du

musst nicht jedes Mal lange Adressen von Hand eintippen.

Wenn du eine tolle Internetseite gefunden hast, die du dir merken und später noch einmal aufrufen möchtest, klickst du oben im Browser auf "Favoriten" oder "Lesezeichen". Hier findest du nun die Funktion "Zu Favoriten hinzufügen", beim Browser Internet Explorer oder "Lesezeichen hinzufügen" beim Browser Mozilla Firefox.

Es öffnet sich dann ein kleines Fenster, das im Internet Explorer meist so aussieht:

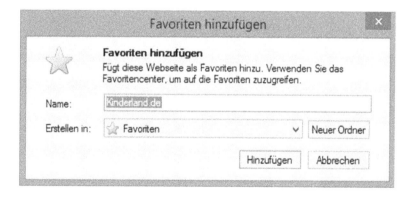

Drückst du hier auf "OK", dann hast du die Adresse der Internetseite gespeichert, auf der du dich gerade befindest. Du findest sie von nun an immer unter "Lesezeichen" oder "Favoriten".

Klicke einfach darauf und die Seite öffnet sich.

Link / Linktipp

Das kennst du bestimmt, wenn du schon öfter im Internet unterwegs warst: Du klickst mit deiner Maus auf ein Wort oder ein Bild und schon öffnet sich eine neue Internetseite. Das bedeutet: Du hast einen Link angeklickt.

"Link" ist die Kurzform von "Hyperlink"und bedeutet übersetzt Verbindung. Ein Link ist also eine Verknüpfung, die Internet-Seiten miteinander verbindet. Sowohl einzelne Wörter als auch Bilder können einen Link enthalten. Klickst du mit der Maus auf einen Link, springst du automatisch an die Stelle oder auf die Seite, die sich hinter dem Link verbirgt.

Ob ein Wort verlinkt ist, erkennst du daran, dass sich der Cursor auf dem Bildschirm in eine Hand verwandelt, wenn du mit der Maus über den Link fährst. Meistens sind die verlinkten Wörter in einer anderen Farbe als der übrige Text dargestellt und unterstrichen. Oder es steht ein bestimmtes Zeichen vor ihnen. Auf manchen Internetseiten verändert sich auch die Farbe eines Links, sobald du diesen einmal angeklickt hast. Dann weißt du, dass du die verlinkte Seite schon einmal besucht hast.

Wenn du im Internet etwas Bestimmtes suchst, zum Beispiel nach Informationen zu Pferden, dann kannst du den Begriff "Pferd" in eine Suchmaschine eingeben. Meistens erhältst du dann eine Menge Links zu diesem Thema - oft viel zu viele Links! Daher ist es manchmal einfacher, auf eine Internetseite zu gehen, von der du weißt, dass sie gute Link-tipps zu anderen Internetseiten bereithält, die nach Themen geordnet sind.

MMS steht für "Multimedia Message Service" und heißt übersetzt Multimedia-Kurznachrichten-Dienst. Mit MMS lassen sich Textnachrichten, Fotos, Handy-Logos, Videos, Töne und Musik per Handy verschicken. MMS sind also "Multimedia-SMS" oder multimediale Kurznachrichten.

Empfangen werden können solche multimedialen Mitteilungen von MMS-fähigen Handys oder auch als E-Mail vom Computer.

Der Versand einer MMS kostet mehr als der einer einfachen Text-SMS! Je größer die Datei ist, die du als MMS verschickst, umso länger dauert die Übertragung - und umso teurer wird es.

Moderator

Ein Moderator ist jemand, der dafür sorgt, dass ein Gespräch für alle Gesprächsteilnehmer gut und fair verläuft. Denk mal an eine Gesprächsrunde in einer Talkshow im Fernsehen. Der Moderator vermittelt zwischen den Talkgästen, damit jeder zu Wort kommt. Er leitet das Gespräch. Oder er schlichtet ein Wortgefecht und greift ein, wenn jemand beleidigend wird.

Auch im Internet helfen Moderatoren, Unterhaltungen fair und harmonisch zu halten. Du findest sie in betreuten Chaträumen. Hier passen Moderatoren auf, dass Störenfriede und Menschen mit bösen Absichten niemanden belästigen.

Wenn dir im Chat mal jemand blöd kommt, dir Angst macht oder dich auffordert, Dinge zu tun, die dir ein komisches Gefühl vermitteln, dann gib sofort dem Moderator Bescheid! Er wird dir zur Seite stehen. Da in Chats ohne Moderatoren unangenehme Dinge passieren können, solltest du unbedingt nur in moderierte Chaträume gehen.

MP3 / MP4

Hast du einen MP3-Player? Dann weißt du sicherlich, dass MP3 ein Format für Tondateien ist, die du anhören kannst. Die meisten MP3-Dateien sind Lieder oder Hörspiele. Das Besondere an einer MP3-Datei ist, dass sie ungefähr 12-mal so klein ist wie eine normale Tondatei und trotzdem fast genauso gut klingt wie das Original auf einer CD.

Im MP3-Format passen also viel mehr Musikstücke auf eine CD oder einen anderen Speicherplatz als dies sonst der Fall wäre. Zudem dauert das Herunterladen von MP3-Dateien aus dem Internet nicht so lange. Aber sei vorsichtig: Du darfst nicht einfach alles aus dem Internet herunterladen. Für die meisten Musikstücke musst du, genauso wie für eine CD Gebühren bezahlen!

Es gibt allerdings einige Internetseiten, auf denen du getrost alle möglichen MP3-Dateien herunterladen darfst, zum Beispiel bei "Tonspion" (www.tonspion.de). Hier haben die Musiker ihr Einverständnis gegeben, dass ihre Titel frei verfügbar sind. Gehst du mit auf Entdeckungsreise? Du findest dort Musikstücke von Rock bis Hip-Hop - wenn auch nicht die aktuellen Hits, dann doch trotzdem tolle Titel von guten Musikern!

Multimedia

"Multi" bedeutet viel, "media" sind Medien - Multimedia heißt also viele Medien! Und wenn verschiedene Medien wie Ton, Text, Grafik, Animation oder Video kombiniert werden, spricht man von Multimedia.

Multimedia begegnet dir in fast jeder Lernsoftware oder in vielen Computerspielen. Die Spiele sind mit Musik, Geräuschen und Stimmen, Bildern, Zeichentrick, Animationen, Fotos oder Filmen reich bestückt - also echtes Multimedia!

Auch das Internet-ABC ist multimedial. Ein gutes Beispiel dafür ist der Internet-Surfschein.

Multimedia ist faszinierend und macht Spaß.

Navigation/Navigieren

Navigieren bedeutet "Steuern". Eine Navigationsleiste ist also eine Steuerungsleiste, eine Art Steuerpult für Internetseiten.

Als Navigationsleiste bezeichnet man z.B. die Schaltflächen im Kopfbereich des Browsers. Mit Hilfe dieser Navigationsleiste bewegst du dich durch das Internet. Wirf doch mal einen Blick nach oben auf deinem Bildschirm! Kannst du die Browser-Navigation sehen? Wichtige Schaltflächen der Browser-Navigationsleiste sind: 'Zurück' und 'Vor', über die du auf die jeweils zuvor besuchten Seiten springen kannst. Mit 'Aktualisieren' wird die jeweilige Internet-Seite neu geladen, mit 'Drucken' ausgedruckt.

Netiquette

Mit der "Netikette" bezeichnet man Benimmregeln im Internet. Netikette setzt sich aus den Wörtern Internet und Etikette, das bedeutet Umgangsformen, zusammen.

Kennst du das altmodische Wort "Etikette"? Wer mit den Händen statt mit Messer und Gabel isst, wer sich im Bus auf die Sitze stellt oder durch Schlüssellöcher auf öffentlichen Toiletten blickt - der verstößt gegen die Etikette. Gewisse Regeln und Umgangsformen sind einfach notwendig, damit man in einer Gesellschaft miteinander auskommt und alle gut leben können.

Und auch im Internet sollte man sich an bestimmte Regeln im Umgang mit anderen halten. Vor allem in Chaträumen, wo man sich mit anderen unterhält, sind Regeln einzuhalten.

Man sollte

- als Neuling im Chatraum erst einmal der Unterhaltung folgen und dann erst seine Meinung äußern,
- sich kurz fassen,
- andere Chatter mit Namen ansprechen, wenn man sich mit ihnen unterhalten will,
- anderen Chattern freundlich begegnen,

- NICHT NUR IN GROSSBUCHSTABEN SCHREIBEN, denn das wirkt wie lautes Schreien.

Die meisten Chaträume stellen eine eigene "Chatikette", also Benimmregeln speziell für ihren Chat auf, die du meistens auf der Startseite des jeweiligen Chats findest.

Im Grunde reicht es, wenn du dich im Internet so benimmst, wie es vernünftige Leute auch im wirklichen Leben tun.

Newsletter

Kennst du E-Mail, die elektronische Post? Ein Newsletter ist eine besondere E-Mail, ein Rundschreiben, das alle automatisch erhalten, die es zuvor bestellt haben. Man sagt auch "abonnieren" dazu. "Newsletter" heißt übersetzt so viel wie Nachrichtenbrief, denn was in einem Newsletter zum Beispiel verschickt wird, sind neueste Nachrichten.

Wer versendet Newsletter?

Das können Firmen, Organisationen oder auch Kinderseiten sein. Ein Newsletter wird regelmäßig versandt, um den Abonnenten auf dem Laufenden zu halten.

Um einen Newsletter zu abonnieren, gibt man seine E-Mail-Adresse an. So wird man in den Verteiler aufgenommen und erhält automatisch jedes neue Rundschreiben per E-Mail.

Bevor du allerdings deine E-Mail-Adresse irgendwo einträgst, solltest du nachlesen und überprüfen, ob der Anbieter dir verspricht, deine E-Mail-Adresse geheim zu halten und niemandem weiter zu geben. Sonst kann es passieren, dass du später nicht nur den Newsletter, sondern auch E-Mails mit unerwünschter Werbung erhältst.

Nickname

Ein "Nickname" ist ein Spitzname. Du selbst kannst dir deinen persönlichen Nickname geben, der dir gefällt. Vor allem im Chat verwenden die Gesprächs-Teilnehmer, die "Chatter", einen Nickname, um nicht ihren richtigen Namen angeben zu müssen. Mit einem Nickname bleibst du im Chatraum und im Internet unerkannt. Und das ist wichtig für deine Sicherheit!

Such dir unbedingt einen Nickname aus, der keine persönlichen Daten, wie dein Alter, den Namen deiner Schule oder deine Telefonnummer, verrät.

Statt Nickname kannst du auch nur kurz "Nick" sagen.

Online / Offline

"Online" ist Englisch und heißt so viel wie angeschlossen oder in der Leitung sein. Online zu sein bedeutet, dass du dich in das Internet eingewählt hast und nun die verschiedensten Internetseiten aufrufen kannst. Trennst du die Internet-Verbindung wieder, bist du offline.

"Offline" ist also das Gegenteil von online und heißt, dass jemand nicht mit dem Internet verbunden ist. Der Computer funktioniert natürlich auch offline. Dann kannst du jedoch nur mit Dateien und Programmen arbeiten oder spielen, die auf deinem Computer gespeichert sind.

Passwort

Ein Passwort ist ein geheimes Kennwort, das dir für etwas Zutritt verschafft. Du brauchst es zum Beispiel, um dich ins Internet einzuwählen oder in einem Chat anzumelden. Das Passwort hilft dabei, dich zu identifizieren, also sicher zu gehen, dass DU es bist, der sich da einloggen will. Denn nur du kennst dein Passwort.

Wenn man sich im Internet anmelden muss, darf man sich sein Passwort meistens selber ausdenken. Manchmal ist bereits ein Passwort vorgegeben, das man dann selber ändern kann.

Gäbe es kein Passwort, könnte sich jeder mit dem Benutzernamen eines anderen einwählen und unter dessen Namen durchs Internet surfen, chatten oder E-Mails verschicken. Daher solltest du dein Passwort immer geheim halten. Dein Passwort ist dein persönliches Geheimnis, verrate es niemandem!

****

Wenn du dein Passwort in das vorgesehene Feld eintippst, das du links auf dem Bild siehst, erscheinen in diesem Feld nur kleine

Sternchen.
Das ist extra so, damit kein anderer lesen kann, was gerade eingetippt wird.

Um ein gutes, sicheres Passwort auszudenken, beachte folgende Tipps:

- Dein Passwort sollte mehr als sechs Zeichen enthalten.
- Dein Passwort sollte Buchstaben und Zahlen mischen.
- Achte auf Groß- und Kleinschreibung, das macht beim Passwort einen Unterschied.
- Dein Passwort sollte nicht von anderen erraten werden können (es ist zum Beispiel zu einfach, wenn du deinen Namen nimmst).
- Du solltest es dir trotzdem gut merken können.

Oft findet man auf Webseiten PDF-Dokumente zum Download. PDF ist ein Dateiformat, die Buchstaben PDF stehen für "Portable Document Format, was übersetzt übertragbares Dokumenten-Format bedeutet. Texte und

Seiten im PDF-Format öff-
nen sich in einem eige-
nen Programm, dem
"Acrobat Reader". Man
kann den Acrobat Rea-
der kostenlos aus dem
Internet herunterladen,

PDF Symbol

falls man ihn noch nicht auf dem Computer
hat.

Warum nutzt man überhaupt PDF?

Nun, es gibt unzählige Programme und Com-
putersysteme auf der Welt. Und nicht alle
Menschen nutzen die gleichen Text- oder
Grafikprogramme. Außerdem haben einige
Menschen Windows als Betriebssystem, andere verwenden Linux. Du siehst: es gibt jede
Menge Unterschiede! Und nicht jeder kann
jedes dieser Programme oder Systeme auf
dem Computer haben. Trotzdem möchte man
sich aber austauschen und Dokumente verschicken, die der andere genauso sehen
kann, wie man selbst. Und hier kommt PDF
ins Spiel. Wenn man seine Dateien in eine
PDF-Datei umwandelt, kann jeder sie lesen -
vorausgesetzt natürlich, er hat den Acrobat
Reader auf dem Computer.

Pixel

Pixel ist die Abkürzung für Picture Element, übersetzt: Bild-Teil. Gemeint ist damit die kleinste Einheit eines Bildes, das auf dem Bildschirm dargestellt wird. Statt von Pixeln spricht man auch von Bildpunkten.

Jedes digitale Bild setzt sich aus vielen einzelnen Pixeln zusammen, egal ob in der Kamera, auf dem Scanner oder dem Bildschirm. Auch Buchstaben und Zahlen werden auf dem Bildschirm durch Pixel dargestellt. Unser Auge nimmt diese vielen kleinen Punkte zusammen als Einheit wahr, so dass wir sie nicht gleich entdecken.

Wie gut ein Bild am Bildschirm dargestellt wird, hängt von Größe und Zahl der Pixel ab: Große Pixel verursachen ein körniges Bild mit stufenförmigen Linien. Man sagt dann auch das Bild sei "pixelig" oder hätte "Treppen". Die Darstellung wird umso genauer und feiner, je kleiner die Pixel sind.

Geh doch mit deiner Nase einmal ganz nah an den Bildschirm heran. Kannst du die Pixel erkennen?

Wir haben Pinguin Eddie mal so vergrößert, dass du sehen kannst, dass die Figur aus vielen kleinen einzelnen Pixeln besteht.

Podcasting/Podcast

Das Wort "Podcasting" wurde aus dem Namen des bekannten MP3-Players "iPod" und dem englischen Wort "Broadcasting", das bedeutet senden, zusammen gestückelt. Gemeint ist damit eine Art "Download-Radio" aus dem Web. Hördateien wie Musik, Geschichten oder Reportagen können aus dem Internet heruntergeladen und am Computer angehört oder auf einen MP3 Player überspielt werden.

Man kann Podcasts abonnieren wie eine Zeitung oder einen Newsletter. Regelmäßig erhältst du dann Hörsendungen. Zuvor benötigst du aber noch einen aktuellen Browser oder ein spezielles Programm, einen so genannten "Podcatcher". Das bekannteste Podcatcher-Programm heißt "Juice".

Podcasting ist noch längst nicht so verbreitet wie echtes Radio, aber jeden Tag kommen neue Podcasts hinzu.

Pop-up

Bist du schon mal auf eine Internetseite gekommen, auf der sich plötzlich noch ein zweites Fenster des Browsers geöffnet hat? Dann hast du es ja schon einmal gesehen: ein "Pop-up".

Der Begriff "Pop-up" kommt von dem englischen Verb "to pop up" und meint das plötzliche Aufgehen oder Auftauchen. Und so wie wie Popcorn plötzlich und unerwartet aufpoppt, so erscheinen auch diese Fenster auf deinem Bildschirm. Meist enthalten diese Fenster Werbung.

Wenn dich Pop-ups stören, dann kannst du sie in deinem Browser (Internet Explorer oder Firefox) einfach abschalten. Das geht so:

Pop-ups verhindern beim Browser Internet Explorer

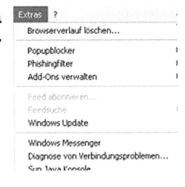

- Klicke im Menü auf "Extras"!
- Fahre mit der Maus bis zu dem Punkt "Popupblocker"!
- Rechts zeigt sich dann der Unterpunkt "Popupblocker einschalten".
- Klicke darauf!

Pop-ups verhindern beim Browser Firefox

- Klicke im Menü auf "Extras", dort auf "Einstellungen"!
- Es öffnet sich ein Fenster, das Einstellungen heißt.
- Das Fenster hat oben eine extra Menüleiste: Allgemein, Tabs, Inhalt, Anwendungen und so weiter

- Unter "Inhalt" musst du ein Häkchen in das Kästchen vor "Pop-up-Fenster blockieren" klicken.

Premium-SMS

"Premium" bedeutet eigentlich "das Beste". Trotzdem sind Premium SMS nicht immer die "besten" Kurznachrichten. Bei Premium SMS sollte man vorsichtig sein, denn es geht um eine bestimmte Art der Bezahlung. Denn mit Premium SMS werden Dienstleistungen im Internet oder im Mobilfunk abgerechnet. Damit bezahlt man für Extras, Klingeltöne, Handy-Logos, Spiele, Flirtlines oder Chats, die man über das Handy bestellt.

Das ist nicht billig. Und es besteht die Gefahr, dass man ein Abonnement abschließt, das monatlich oder wöchentlich teure Leistungen in Rechnung stellt.

Du solltest auf jeden Fall die Augen aufhalten, bevor du mit Premium SMS etwas kaufst. Leider sind viele unseriöse Angebote unter den Premium-SMS-Anbietern.

Du erkennst eine Premium SMS an der Nummer, sie ist fünfstellig (z.B. 12345) und ohne Vorwahl. Also Vorsicht, wenn im Fernsehen oder in Zeitungsanzeigen kostenlose Informationen versprochen werden, für die angeblich schon eine SMS genügt. Das kann richtig teuer werden!

Provider

Ein "Provider" ist jemand, der etwas bereitstellt. Das englische Wort "to provide" bedeutet wörtlich übersetzt versorgen. Ein Internet-Provider ist eine Firma, die ihren Computer - das ist meist ein Großrechner - für andere Benutzer zur Verfügung stellt. Über eine bestimmte Nummer wählt man diesen Großrechner über die Telefon- bzw. DSL-Leitung an.

Steht die Verbindung, ist man "online". Nun kann man über den Großrechner des Providers im Internet surfen. Auch eine eigene E-Mail-Adresse erhält man über den Provider.

Ein Provider öffnet dir die Tür zum Internet!

Es gibt einige große Provider, zum Beispiel AOL oder T-Online, aber auch viele kleinere. Manche bieten nur technische Leistungen an, andere bieten darüber hinaus eigene Internetseiten, zum Beispiel mit Spielen, Nachrichten oder Wettermeldungen.

Die Dienste eines Providers sind nicht kostenlos: man zahlt dafür, dass einen der Provider mit einem Internetzugang versorgt.

Raubkopie

Den Begriff kannst du wörtlich nehmen: Bei einer Raubkopie handelt es sich um geraubte Vervielfältigungen von Spielen, Musikstücken oder Filmen. Eine Raubkopie entsteht zum Beispiel wenn der Kopierschutz von einem Programm verbotenerweise entfernt wird, es auf mehrere CDs gebrannt oder anderswo an viele Personen weitergegeben wird. Hätten diese Personen das Programm gekauft, wäre das Geld an den Programmhersteller geflossen. So bekommt er nichts. Raubkopien richten Schaden an, denn die Hersteller von Spielen oder Filmen erhalten nicht ihr verdientes Geld. Sie werden mit Raubkopien betrogen.

Raubkopieren ist verboten und strafbar! Manchmal erscheint es ganz einfach, CDs oder Dateien zu kopieren oder aus dem Internet herunter zu laden. Denke immer daran, dass die meisten Werke durch ein Urheberrecht geschützt sind.

Relaunch

Im Internet gibt es immer wieder was Neues, neue Trends, neue Spiele, neue Technik, mehr Informationen und so weiter. Wenn eine Website veraltet ist, oder aus allen Nähten platzt und unübersichtlich geworden ist oder einfach ein neues, frisches Erscheinungsbild erhalten soll, ist ein Relaunch angesagt.

Für einen Relaunch wird eine Internetseite überarbeitet und dann wieder im Netz veröffentlicht. Es wird zum Beispiel das Aussehen an den sich ändernden Geschmack angepasst oder die Navigation verbessert. Oftmals müssen auch die Inhalte verändert und neu strukturiert werden.

Launch

Lässt man das "Re" weg, bleibt der "Launch". Launch bedeutet wörtlich übersetzt "Stapellauf", oder als Verb "etwas einführen, auf den Markt bringen". Geht eine Software oder eine Website erstmals an den Start und wird zur Benutzung freigegeben, spricht man vom "Launch" oder davon, dass "gelauncht" wird.

Scanner

Wörtlich genommen ist ein Scanner ein Ab-
taster. Der Scanner ist ein Gerät mit dem Bilder, Fotos, Texte oder Grafiken abgetastet
und an-
schlie-
ßend im
Compu-
ter ge-
speichert
werden.

Beim Scanvorgang wird die Vorlage, die man
auf die Glasplatte des Scanners legt, hell be-
leuchtet. Ein Sensor tastet die Vorlage so
Stück für Stück ab. Die Informationen werden
dabei eingespeist und zu digitalen Daten um-
gewandelt. So kann man sie später bearbei-
ten, als Anhang in E-Mails verschicken oder
im Internet veröffentlichen.

Den ersten Scanner erfand Rudolf Hell bereits
im Jahre 1929. Vom Flachbettscanner über
den Handscanner bis zum 3D-Scanner unter-
scheidet man viele verschiedene Scannerty-
pen.

Screenshot

Ein Schnappschuss von dem, was du gerade auf dem Bildschirm siehst - genau das ist ein Screenshot! "Screen" ist englisch für Bildschirm, "shot" steht für Schuss.

Wie macht man ein solches Bild von der Bildschirmanzeige, ein "Bildschirmfoto"?

Screenshots können mit Grafikprogrammen erstellt werden. Du kannst sie aber auch ganz einfach mit der Druck-Taste, die du oben rechts auf der Tastatur findest, "schießen". Dein Screenshot landet dann zunächst in einem Speicher deines Computers, dem Zwischenspeicher. Du kannst ihn anschließend mit der Funktion "'Einfügen" in ein Grafikprogramm oder auch in Word einfügen.

Probier's mal aus:

- Zuerst die Druck-Taste betätigen
- Dann Word öffnen
- Und zum Einfügen die Tasten "Strg" und "V" gleichzeitig drücken.

Sitemap

Manche Internetangebote sind richtig groß mit vielen einzelnen Seiten und Themen. Da ist es nicht leicht, sich zurechtzufinden.

Wenn du auf einer Internetseite den Überblick verloren hast oder etwas Bestimmtes suchst und es nicht finden kannst, hilft dir die "Sitemap"! Übersetzt heißt das so viel wie Standortkarte. Sie zeigt dir auf einen Blick, wie das Internetangebot aufgebaut ist, welche Oberbereiche es gibt und wie diese mit den einzelnen Seiten zusammen hängen.

Von einer Sitemap aus findest du auch den direkten Weg zu den einzelnen Seiten, denn die hier aufgeführten Seiten sind verlinkt. Ein Klick genügt und du kannst gezielt über die Standortkarte einzelne Seiten ansteuern.

Software

Weiche Ware - das ist die wörtliche Übersetzung des englischen Begriffs "Software". Als Software bezeichnet man alle Programme, die auf dem Computer laufen.

Das reicht von Programmen zum Spielen, Lernen, Schreiben, Malen und Rechnen, über Programme zum Surfen, wie den Browser Internet Explorer, bis hin zum Betriebssystem, zum Beispiel Windows.

Ganz ohne Software ist mit einem Computer nichts anzufangen!

Soziale Netzwerke/ Social Network

Sich treffen und miteinander quatschen kann man bekanntlich auch im Internet - zum Beispiel in einem Chat. Sehr beliebt sind aber auch "soziale Netzwerke". Soziale Netzwerke? Auch wenn du diesen Ausdruck nicht kennst - von dem ein oder anderen sozialen Netzwerk hast du bestimmt schon einmal gehört: schülerVZ oder Facebook. Daneben gibt es jedoch noch etliche weitere Internetseiten, die Netzwerke zu einzelnen Themen oder beliebten Filmreihen anbieten.

Aber was bedeuten diese beiden merkwürdigen Wörter "sozial" und "Netzwerk"? Sozial bedeutet gemeinschaftlich. Und ein Netzwerk ist ein Zusammenschluss von vielen Personen, die miteinander in Kontakt stehen.

Ein soziales Netzwerk ist eine Netzgemeinschaft, eine Gemeinschaft im Internet. Es gibt noch einen weiteren Begriff für solche oder ähnliche Internetseiten: "Community". In einem sozialen Netzwerk oder einer Community kann man mit Freunden in Kontakt bleiben und sich austauschen.

Soziale Netzwerke sind praktisch und können viel Spaß machen. Aber du solltest auch vorsichtig sein: Gib niemals zu viele persönliche Informationen von dir preis. Nicht immer weißt du, wer sich hinter einem scheinbar netten Profil verbirgt. Und: Auch in Schüler-Netzwerken sind Schüler nicht immer unter sich!

Hast du eine E-Mail-Adresse? Dann kannst du Freunden über das Internet schreiben. Und sie können dir wiederum zurück schreiben. Ihre Antworten landen bei dir in deinem Internet-Briefkasten, der sogenannten Mailbox.

Vielleicht hast du aber auch schon die Erfahrung gemacht, dass du Post von unbekannten Personen oder Firmen erhältst. Meist ist das Werbung. Diese E-Mails, die du ja gar nicht bestellt hast, nennt man "Spam". So wie der

Briefkasten an der Wohnungstür deiner Familie manchmal voller Werbung ist, so füllt Spam deine Mailbox. Manche Firmen leben davon, solche elektronische Werbung zu verschicken. Da man oft nicht herausfinden kann, wer die Werbung verschickt, kann man sie auch nicht abbestellen.

Mit Hilfe von Filtern kann man einen großen Teil der Spam-Mails vom eigenen Postfach fernhalten. Berate dich dazu mit deinen Eltern. Meistens bietet die Firma, die dir den E-Mail-Zugang ermöglicht, auch einen sogenannten Spam-Filter an.

Und noch ein Ratschlag: Am besten löschst du solche E-Mails sofort. Eine Antwort wie "Ich möchte Ihre E-Mails nicht!" kann es sogar noch schlimmer machen, weil der Versender dann weiß, dass es dich und deine Adresse wirklich gibt. Und du bekommst noch mehr Spam.

Übrigens: Spam ist ursprünglich eine Abkürzung der englischen Wörter "spiced ham" - was übersetzt "gewürzter Schinken" heißt. Sie bezeichnet eine bestimmte Dosenfleisch-Marke, die in einem englischen Sketch vorkommt. Darin besteht in einem Restaurant jedes Gericht aus Spam. Schnell hat man darauf keinen Hunger mehr - und verliert die Lust am Essen. Genauso wie auf Werbe-E-Mails!

Speichern

Wenn man Daten, wie beispielsweise einen Brief, einen Aufsatz oder Fotos von der Digitalkamera aufheben möchte, so dass man später wieder darauf zugreifen kann, dann "speichert" man diese ab. Das nennt man auch "sichern". Die Informationen werden sozusagen in einen Speicher eingelagert.

Es gibt verschiedene Möglichkeiten, Daten zu speichern. Entweder du speicherst sie direkt auf dem Computer, dann werden sie auf der Festplatte abgelegt. Oder du speicherst sie auf einen USB-Stick oder ein Handy mit Speicherkarte. Bei den genannten zwei Datenträgern kannst du die Daten immer wieder öffnen, verändern und erneut abspeichern.

Eine andere Möglichkeit ist das Sichern und Abspeichern auf CD oder DVD. Die Daten werden dabei mit einem Laserstrahl auf die silbernen Scheiben gebrannt. Aus diesem Grund kannst du sie nicht einfach erneut abspeichern, wenn du sie von der CD oder DVD aus öffnest, sie bearbeitest oder veränderst. Du musst dann die CD neu brennen.

Streaming

Streaming, zu Deutsch: strömen oder fließen, nennt man ein Verfahren, mit dem Video- und Tondaten so aufbereitet werden, dass sie bereits während des Herunterladens aus dem Internet betrachtet oder angehört werden können. Beim Streaming musst du also nicht abwarten, bis eine Tondatei oder ein Video komplett übertragen ist. Du kannst schon Musik hören oder einen Film ansehen während im Hintergrund noch der Rest geladen wird.

Für das Ton- und Video-Streaming gibt es unterschiedliche Übertragungsformate wie zum Beispiel MP3, Real-Audio, Real-Video, Quicktime oder Windows Media Audio.

Zur Wiedergabe benötigst du besondere Programme, so genannte Player, übersetzt Abspieler. Bekannte Programme sind der RealPlayer, der Windows Media Player und Quicktime.

Suchmaschine

Bestimmt warst du schon einmal in einer Bibliothek: Dort gibt es ziemlich viele Regale, vollgestellt mit Büchern zu allen möglichen Themen. Ein bestimmtes Buch zu finden ist ohne Hilfsmittel sehr schwer. Und so schaust du entweder in einen Katalog oder einen Computer oder fragst jemanden, der in der Bibliothek arbeitet.

Das Internet hat noch viel mehr Seiten, als es Bücher in deiner Bücherei gibt. Mit Hilfe einer Suchmaschine kannst du Internetseiten zu einem bestimmten Thema suchen - und mit ein bisschen Übung und Glück findest du sie auch. In ein Suchfeld tippst du ein oder mehrere Stichworte zu dem gesuchten Thema ein. Anschließend klickst du auf "Suchen". Das Programm sucht daraufhin die entsprechenden Seiten zusammen. Die Ergebnisse erhält man als Links, die du nur noch anklicken musst, um auf die gesuchte Seite zu gelangen.

Leider werden bei Suchmaschinen, die eher für Erwachsene erstellt wurden, oft viel zu viele Seiten angezeigt - mit Dingen, die du gar nicht wissen willst. Gib zum Beispiel "Katze" ein - so erhältst du mehrere Millionen Links zu Seiten, auf denen das Wort "Katze" geschrieben steht. Wer soll sich da noch zurechtfinden?

Daher mein Tipp:

Es gibt auch Suchmaschinen speziell für Kinder. Die "Blinde Kuh" zum Beispiel findet zu fast allen Themen passende Seiten. Auch fragFINN und Helles Köpfchen sind klasse Seiten zum Suchen.

Die gefundenen Seiten sind kostenlos, sicher und für Kinder und Jugendliche verständlich. Was nicht heißt, dass diese Seiten reine Kinderseiten sind und nur "kindische" Informationen enthalten!

Tag-Cloud oder Wortwolke

Tag-Cloud ist ein englischer Begriff. Was "cloud" bedeutet, weißt du bestimmt, oder? Richtig: Cloud heißt auf Deutsch "Wolke".

Tag bedeutet eigentlich Etikett oder Anhänger. Tag ist also etwas, was an einem Gegenstand hängt und dir diesen genauer erklärt - so, wie

bit clouds dear everything fly hands higher holding maybe nicer ride sit someday view das Etikett in einem Pullover, das anzeigt, wie heiß dieser gewaschen werden darf und woraus er besteht. Ein Tag im Internet liefert dir also weitere Informationen zu einem bestimmten Wort. Kurz: Eine Tag Cloud ist eine Wortwolke, bei der, ähnlich den unterschiedlich hellen Teilen einer Wolke, die Wörter unterschiedlich groß sind. Alle Begriffe sind mit den entsprechenden Internetseiten verknüpft oder verlinkt.

Tool

Ein Tool ist ein Werkzeug. In der Welt von Computer und Internet finden sich jede Menge Tools. Alle Hilfsprogramme, die den Nutzer unterstützen, sind Tools. Beispiele für solche Hilfsprogramme sind Online-Taschenrechner, Kalender oder Generatoren mit denen man automatisch etwas erstellen kann. Programme, mit denen man Texte schreibt

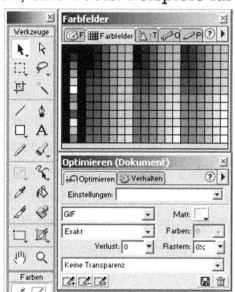

und bearbeitet gehören ebenfalls dazu, sie heißen   Editoren.

Auch die "Werkzeuge" in Bildbearbeitungs-programmen mit denen man malen, löschen oder stempeln kann, nennt man Tools.

Das Bild zeigt die Toolbar oder Werkzeug-leiste in dem Bildbearbeitungsprogramm Fireworks.

Update

Hast du schon einmal ein Computerspiel ge-spielt, das nicht richtig funktionierte? Dar-über hast du dich bestimmt geärgert, vor al-lem, wenn du dafür Geld ausgegeben hast.

Leider passiert dies immer wieder: Man kauft sich ein Computerprogramm (ein Spiel, ein Musikprogramm oder ähnliches), installiert es auf dem Computer und stellt fest, dass es irgendwie nicht richtig läuft. Für solche Fälle stellen Firmen, die diese Programme herge-stellt haben, sogenannte "Updates" zur Verfü-gung - meist im Internet oder auf CDs in Com-puterzeitschriften.

Update ist ein englisches Wort und bedeutet, etwas auf den neuesten Stand zu bringen. Mit einem Update aktualisiert man also ein Computerprogramm. Dabei werden entweder Fehler beseitigt oder neue Funktionen hinzugefügt.

Updates sind sehr wichtig für die Sicherheit im Internet. Wenn du im Internet unterwegs bist, solltest du immer ein Programm gegen Viren auf deinem Computer haben. Wichtig ist, dass dieses Programm möglichst auf dem neuesten Stand ist, denn es werden immer wieder neue Viren in Umlauf gebracht. Und nur, wenn dein Antivirenprogramm aktuell ist, kann dein Computer diese Viren abwehren. Frage also am besten deine Eltern, wie ihr euer Programm mit Updates immer aktuell halten könnt.

Upload

Upload ist das Gegenteil von Download. Upload bedeutet, dass man Daten vom eigenen Computer auf andere Computer überträgt.

Wenn man zum Beispiel eine Webseite hat

und daran etwas ändern möchte, muss man die am eigenen Computer durchgeführten Änderungen auf das Internet hochladen. Das bedeutet, dass man diese Seiten an den Server übermittelt, das ist ein Computer, der immer ans Internet angeschlossen ist. Das nennt man auch "ins Netz stellen". Ist der Upload beendet, steht die Seite allen Surfern zur Verfügung.

Wenn wir für das Internet-ABC einen neuen Text, zum Beispiel eine neue Geschichte geschrieben haben, uploaden wir sie für euch. Erst dann könnt ihr sie alle sehen und lesen.

Auf Deutsch kannst du statt Upload auch 'Hochladen' sagen.

URL / Internet-adresse

Das Internet ist schon eine erstaunliche Erfindung: Du gibst oben in die Adresszeile ein paar Buchstaben mit ein paar Punkten ein und - zack! - wird eine Internetseite aufgerufen.

Aber: Was bedeuten eigentlich die einzelnen Bestandteile einer Internetadresse, z.B. "http://www.kinder.de"?

Die Buchstaben geben an, auf welche Art und Weise die Daten im Internet übertragen werden. In diesem Fall mit dem Hypertext-Protokoll. Denn "http" steht für Hypertext Transfer Protocol, das heißt: Hypertext Übertragungs-Protokoll. Ein Protokoll ist eine Sprache, in der sich Computer austauschen können.

Die Buchstaben "WWW" sind die Abkürzung für World Wide Web. Das bedeutet in deutscher Sprache "weltweites Netz". Dem WWW folgt, durch einen Punkt getrennt, der Name der Internetseite (Kinder) und die Kennung, die oft für ein bestimmtes Land steht, in dem die Seite auf einem Rechner gespeichert ist. ".de" steht für Deutschland.

Die ganze Adresse wird oft auch URL genannt. Das ist die Abkürzung für "Uniform Resource Locator" und heißt so viel wie "Einheitlicher Quellen-Ortsbestimmer".

USB Stick

USB-Sticks (zu Deutsch: USB-Stöckchen) sind kleine, handliche und überaus praktische Speichergeräte. Ein USB-Stick hat etwa die Größe von einem Feuerzeug.

USB-Sticks haben die Disketten als Datenspeicher heute verdrängt. Kein Wunder, denn es passt viel mehr auf einen Stick als auf eine Diskette! USB-Sticks haben unterschiedlich großen Speicherplatz, von 32 Megabyte bis zu mehreren Gigabyte.

Und USB-Sticks können nicht nur Daten speichern, man kann sie auch als Laufwerk einsetzen. Sie sind also Speicher und Laufwerk in einem, ähnlich wie eine Festplatte. Man kann auf ihnen Programme wie Browser und E-Mail-Programm mitnehmen. USB steht für Universal-Serial-Bus.

Weil USB-Sticks leicht verloren gehen oder gestohlen werden können, solltest du darauf keine wichtigen persönlichen Daten wie E-Mail-Zugangsdaten, Passwörter oder ähnliches speichern. Auf einem USB-Stick gespeicherte Daten bleiben etwa 10 Jahre lang lesbar.

User

User ist das englische Wort für Benutzer oder Anwender. Jeder, der sich im Internet bewegt und etwas nutzt oder benutzt, zum Beispiel liest, spielt, chattet oder downloadet, ist ein User. Jetzt gerade, in diesem Moment, bist du auch ein User! Denn du bist im Internet und liest oder hörst diesen Text.

Virus / Trojaner

Nicht nur Menschen können sich mit einem Virus infizieren und krank werden, sondern auch Computer. "Ansteckungsgefahr" besteht für deinen Computer immer dann, wenn du fremde Daten, beispielsweise von einer gebrannten CD oder aus dem Internet, aufrufst oder sie auf deinem Computer speicherst. Denn Computer-Viren sind kleine Programme, die sich zum Beispiel an bestimmte Dateien anhängen können und dann anfangen zu arbeiten.

Dann kann es passieren, dass du deinen Computer plötzlich nicht mehr starten kannst. Oder es tauchen unerwartet Zeichen auf dem

Bildschirm auf. Besonders unangenehm ist es, wenn der Virus langsam einzelne Programme und alle möglichen Dinge löscht, die du auf deinem Computer abgespeichert hast.

Mit Viren ist nicht zu spaßen. Pass also besonders auf, wenn du E-Mails von Unbekannten in deinem Postfach vorfindest. Du solltest sie nicht ohne weiteres sofort öffnen. Manchmal haben E-Mails Anhänge. Das können Programme, Videos, Texte, Bilder oder Fotos sein, die zusammen mit der E-Mail geschickt werden. Öffne diese nur, wenn du dir sicher bist, dass du den Absender kennst und er dir diesen Anhang vorher angekündigt hat.

Um zu verhindern, dass Viren übertragen werden, gibt es Viren-Such-Programme. Diese Programme prüfen auch E-Mails. Sprich mit deinen Eltern ab, dass immer die neueste Version eines Viren-Such-Programms auf deinem Computer vorhanden ist.

Webmaster

Der Webmaster ist wörtlich genommen, der 'Meister des Netzes'. Dieser Meister betreut die Internetseiten eines Anbieters. Der Webmaster ist dafür verantwortlich, dass die Seiten gepflegt werden und gut laufen. Er achtet zum Beispiel darauf, dass alle Links richtig funktionieren.

Der Webmaster ist Ansprechpartner für technische Probleme, die bei einer Internetseite auftreten: Hat man als Besucher Schwierigkeiten mit einer Internetseite, kann man an den Webmaster schreiben und ihm eine Beschwerde oder einen Verbesserungsvorschlag per E-Mail schicken. Er wird sich darum kümmern.

Die E-Mail-Adresse des Webmasters lautet in der Regel: webmaster@namederseite.de

Die Bezeichnung "namederseite" ersetzt du einfach mit dem Namen der jeweiligen Internetseite.

Werbung

Werbung findest du im Fernsehen, an Plakatwänden, in Zeitschriften, im Radio, auf der Straßenbahn, im Kino, und - wie sollte es anders sein - auch im Internet! Werbung im Internet hat viele Gesichter.

Bekannt sind dir bestimmt die sogenannten Banner. Das sind längliche Werbeflächen auf

Webseiten.

Störender ist Werbung, die ganz plötzlich auf dem Bildschirm auftaucht. Du klickst dich durchs Web und auf einmal macht es "pop" und es öffnet sich ein Fenster mit Werbung. Diese Werbeform nennt man Pop-Up-Fenster. Mit einem Klick auf das Kreuzchen rechts oben im Fensterrand wirst du das Pop-Up-Fenster wieder los.

Immer öfter gibt es auch sogenannte Flash-Layer. Die liegen einfach über dem, was man sehen möchte und bewegen sich manchmal auch noch über den Bildschirm. Teilweise ist kaum zu sehen, wo du sie wieder wegschalten kannst - das kann richtig nerven.

Aber es gibt auch versteckte Werbung, die gar nicht so leicht zu enttarnen ist:

- Links, die dich auf Seiten führen, die Produkte anpreisen.
- Werbung in Newslettern; sie muss mit dem Wort "Anzeige" gekennzeichnet sein.
- Gewinnspiele, mit denen Adressen eingesammelt werden, um später Werbepost an sie zu versenden.
- Clubmitgliedschaften, die dich von einer Marke besonders überzeugen wollen.

- Kleine Filme, die wiederholt und gar nicht zufällig ein bestimmtes Produkt zeigen, zum Beispiel ein Getränk oder eine bestimmte Automarke.

Das Wichtigste bei aller Werbung im Internet ist, dass du sie als solche erkennst und versuchst, ihr nicht auf den Leim zu gehen, egal in welchem Gewand sie erscheint.

Ein Wiki ist ein Angebot im Internet, an dem jeder mitwirken kann. Jeder kann Autor sein und etwas dazu schreiben, verändern, löschen oder verbessern. So entsteht eine Seitensammlung, die von den Benutzern nicht nur gelesen, sondern auch mitgeschrieben werden kann. Damit ist ein Wiki vergleichbar mit einer Art Online-Buch, an dem sich viele Menschen als Autoren beteiligen.

Die einzelnen Seiten und Artikel eines Wikis sind durch Links miteinander verbunden. Auch Bilder, Fotos und Filme können in ein Wiki eingefügt werden.

Der Name Wiki leitet sich vom hawaiianischen "wiki wiki" ab, was "schnell" bedeutet.

Wegen der schnellen und einfachen Handhabung von Wikis wurde er gewählt.

Vielleicht kennst du das Internetlexikon Wikipedia? Das ist das bekannteste Wiki überhaupt. Bei Wikipedia kannst du alles nachschlagen.

WWW

WWW ist die Abkürzung für World Wide Web. Auf Deutsch heißt das so viel wie: weltweites Netz. Wenn man es genau nimmt, ist das WWW nur ein Teil des Internets. Oft werden die beiden Begriffe durcheinander geworfen: Man sagt Internet, wenn man eigentlich nur das WWW meint. Denn das WWW ist der Teil des Internets, der am häufigsten genutzt wird und am schnellsten wächst. Im WWW kannst du Seiten mit Bildern, Tönen, Videos oder Animationen aufrufen. Das geschieht über den Browser, das Programm, mit dem du dich durch das WWW bewegst. Du bist also jetzt gerade im WWW.

Die einzelnen Seiten sind durch Hyperlinks miteinander verbunden. Daraus ergibt sich ein riesiges Informationsnetz - eben das World Wide Web!

Heute sagt man statt WWW meist nur noch kurz Web.